Das Gespenst im Besenschrank

Eine Geschichte von Ursel Scheffler
mit Bildern von Marion Elitez

Lesestufe 2

CARLSEN

Ein neuer Schüler

Der Neue in der Klasse heißt Mike.
Er ist ein Jahr älter als Pit und Anton
und hat lockige dunkle Haare.
Mit seiner coolen Sonnenbrille
sieht er wie ein Filmstar aus,
finden Anna, Mia und Karla.

Mike kommt aus Berlin.
Er sagt immer „icke“ statt ich.
Außerdem weiß und kann er immer alles.
Sein Lieblingsspruch ist: „Null Problemo!“

Als Anna die schwarze Spinne
auf der Fensterbank entdeckt,
rennen alle kreischend weg.
Auch Pit und Anton.
Mike sagt: „Null Problemo!“
Er geht zum Fenster
und lässt die fette Spinne
auf seine Hand krabbeln.

Dann schüttelt er sie aus dem Fenster
„Mann, ist der cool!“, sagt Mia
beeindruckt.
„Du hast wohl vor gar nichts Angst?“,
sagt Karla zu Mike.
Mike schüttelt stolz den Kopf.
„Auch nicht vor Mäusen?“, fragt Mia.
Mike grinst: „Ich liebe Mäuse.
Fast so sehr wie eine hungrige Katze.“

„Aber bestimmt gruselst du dich
vor Geistern und Vampiren?“, fragt Anna.
„Kinderkram!“, antwortet Mike. „Das
erschreckt doch nur Babys!“
Er lacht spöttisch. Und dann erzählt er
von der gefährlichen Anakonda,
die bei Nachbarn im Klo war.
„Die hab ich so lange mit der Feuerzange
festgehalten, bis die Polizei kam!“

„Der will mit seiner Angeberei doch nur die Mädchen beeindrucken“, sagt Anton. „Bestimmt würde er dafür auch glatt Kellerasseln oder Regenwürmer fressen“, knurrt Pit ärgerlich.

Das klingt fast ein bisschen eifersüchtig, findet Ali.

Leserätsel

Aus welcher Stadt kommt Mike?

P Bremen

T Bern

G Berlin

Was ist Mikes Lieblingsspruch?

A Voll cool!

E Null Problemo!

O Null Ahnung!

Mike fürchtet sich angeblich

S vor Spinnen.

D vor Monstern.

I vor nichts und niemandem.

Mike liebt

R Mia.

S Mäuse.

L Katzen.

Anakonda ist der Name

N einer Popsängerin.

T einer Schlangenart.

M einer Darmkrankheit.

Die Buchstaben neben den richtigen Antworten ergeben ein Lösungswort:

GEIST

So ein Angeber!

Es ist ein warmer Frühlingstag.
Die Freunde aus der 2a verabreden sich
für den Nachmittag zum Schwimmen.
„Kann ich mitkommen?“, fragt Mike.
„Wenn du mit Karla um die Wette
schwimmst?“, sagt Anna spöttisch.
„Null Problemo“, antwortet Mike.

„Ich wette um eine Tafel Schokolade, dass Karla gewinnt“, sagt Mia.
Karla ist die beste Schwimmerin der Klasse.
Im Herbst wird sie neun Jahre alt.
Dann will sie das goldene Jugend-Schwimmabzeichen machen.

Anna ahnt nicht, dass Mike in Berlin
im Schwimmverein war.
Er hat das goldene Schwimmabzeichen
schon!
So wird es ein Kopf-an-Kopf-Rennen.
Die Freunde aus der 2a stehen am
Beckenrand und feuern Karla an:
„Kar-la! Kar-la! Kar-la!"
Die schwimmt ihre persönliche Bestzeit:
50 Meter in 59 Sekunden!

Aber es reicht nicht ganz.
Mike geht eine halbe Länge vor Karla ins Ziel.
Pit macht mit seinem Handy das Zielfoto.
Darauf sieht man es genau!
„Null Problemo!“, grinst Mike, als er sich das Wasser aus den Haaren schüttelt.
„Und jetzt her mit der Schokolade!“

„Irgendwie müssen wir Mike beweisen, dass er nicht *Superman* ist!“, sagt Anton. „Hat einer von euch eine Idee?“

„Nächste Woche ist doch unsere Lesenacht“, ruft Ali. „Da könnten wir einen Geisterspuk planen. Angeblich fürchtet er sich ja nicht mal vor Gespenstern.“

„Ich weiß was!“, ruft Anton plötzlich.
„Wir brauchen Popcorn, dünne Schnur,
Hexenbesen, Leuchtfarbe,
Geisterschleim und das Gerippe
aus der Besenkammer.“
Die vier diskutieren und planen.
„Das wird ein Hit!“, jubelt Olli.
Den Mädchen verraten sie vorerst nichts.

Leserätsel

Mia wettet mit Mike um

7 eine goldene Badehose.

5 eine Tafel Schokolade.

6 eine Tasse heiße Schokolade.

Karla ist die beste

8 Schwimmerin der Klasse.

3 Schwindlerin der Klasse.

5 Ringerin der Klasse.

Die Zahlen neben den richtigen Antworten verraten dir, in welcher Zeit Mike die 50 Meter geschwommen ist:

__ __ Sekunden

Hier sind sieben Dinge versteckt,
die es im Schwimmbad gibt.

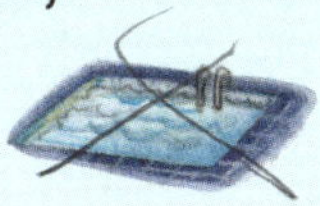

Z	A	R	S	E	F	P	W	E	S	U
S	P	R	U	N	G	B	R	E	T	T
C	K	L	M	R	H	E	A	B	N	N
H	A	N	D	T	U	C	H	Y	W	E
W	I	E	Z	O	D	K	I	M	A	S
I	S	L	B	A	D	E	H	O	S	E
M	S	O	K	D	A	N	C	K	S	A
M	N	D	U	B	E	R	K	D	E	L
E	L	S	T	O	P	P	U	H	R	H
R	O	D	I	B	R	A	J	E	Q	U

Ein Geist hat alle Vokale gestohlen.
Erkennst du die Wörter trotzdem?

H ___ X ___ N
L ___ S ___ N ___ C H T
G ___ S P ___ N S T
V ___ M P ___ R
B ___ S ___ N S C H R ___ NK

Spuk in der Lesenacht

Endlich ist die Lesenacht da.
Das Klassenzimmer ist mit
Fledermäusen und Pappgespenstern
dekoriert.
Es ist schummerig wie in einer
Geisterbahn.
Nur am Pult brennt eine Leselampe.
Ein aufgeschlagenes Buch liegt daneben.
Jeder darf ein Stück aus
der Vampirgeschichte vorlesen.

Zuerst sind die Mädchen dran.

Dann kommt die Reihe an Mike.

Als er zu lesen anfängt, beginnt der

Popcorneimer auf dem Pult zu wandern.

An der Tischkante fällt der Eimer herunter.

Mike fährt zusammen und

schaut kurz auf.

Dann liest er schnell weiter.

„Das schöne Popcorn!“, klagt Anna.
„Wir brauchen einen Besen“, ruft Anton.
„Der ist hinten im Flur im Besenschrank“, bemerkt Pit. „Aber da bringen mich heute keine zehn Pferde hin. Es ist doch Walpurgisnacht.“
„Hä?“, macht Mike.
„Heute reiten die Hexen durch die Luft“, sagt Ali. „Da holen sie sich Besen, wo sie sie nur kriegen können.“
„Quatsch!“, sagt Mike. „Ich hol den Besen.“
Darauf haben die Jungen nur gewartet.
Kaum ist Mike verschwunden, hört man draußen einen entsetzten Schrei.

Kreidebleich stürzt Mike zurück ins Klassenzimmer.
„Ein Gespenst! Im Besenschrank!“, japst er.
„Es hat mich mit grünem Schleim bespuckt!“
„Lies ruhig weiter, Superman!“, sagt Anton und zwinkert seinen Freunden zu.
„Ich werde rausgehen und das Gespenst verjagen.“

Infoseite

Die Walpurgisnacht

Das Lesefest der Klasse 2a findet in der Nacht vom 30. April zum 1. Mai statt, in der „Walpurgisnacht“. Der Sage nach treffen sich in dieser Nacht Hexen und Teufel zum Tanz ums Hexenfeuer. Sie reiten auf Besen und Mistgabeln, begleitet von Katzen oder Raben, zu ihrem schrillen Jahresfest.

Bei uns in Deutschland findet der Hexentanz auf dem Brocken im Harz statt, wo das Brauchtum heute noch intensiv gepflegt wird.

Ursprünglich war die Mainacht ein germanisches Frühlingsfest, auf dem man mit großem Spektakel die Wintergeister vertreiben und die sommerliche Jahreszeit begrüßen wollte. Das Halloween-Fest ist das herbstliche Gegenstück am Ende des Sommers.

Um dieses heidnische Fest umzudeuten, hat man es später nach der heiligen Walpurgis benannt, die am 1. Mai heiliggesprochen wurde. Sie wurde als Schutzheilige gegen böse Geister angesehen.

Lösungen

S. 8/9:

Mike kommt aus Berlin.
Mikes Lieblingsspruch ist: „Null Problemo!"
Mike fürchtet sich angeblich vor nichts und niemandem.
Mike liebt Mäuse.
Anakonda ist der Name einer Schlangenart.
Lösungswort: GEIST

S. 16/17:

Mia wettet mit Mike um eine Tafel Schokolade.
Karla ist die beste Schwimmerin der Klasse.
Lösung: 58 Sekunden

Z	A	R	S	E	F	P	W	E	S	U
S	P	R	U	N	G	B	R	E	T	T
C	K	L	M	R	H	E	A	B	N	N
H	A	N	D	T	U	C	H	Y	W	E
W	I	E	Z	O	D	K	I	M	A	S
I	S	L	B	A	D	E	H	O	S	E
M	S	O	K	D	A	N	C	K	S	A
M	N	D	U	B	E	R	K	D	E	L
E	L	S	T	O	P	P	U	H	R	H
R	O	D	I	B	R	A	J	E	Q	U

HEXEN, LESENACHT, GESPENST, VAMPIR,
BESENSCHRANK

Ich habe das ganze Buch gelesen!

1 2 3 4 16 15 14 13

ISBN: 978-3-551-06427-1 I Umschlagkonzeption: Karin Kröll
Illustration der Lesemaus: Hildegard Müller I Lesemaus-Redaktion: Anja Kunle
Druck und Bindung: AZ Druck und Datentechnik GmbH, Kempten
Printed in Germany